A Hélène

avec qui nous avons passé
un superbe séjour grâce à
votre gentillesse et dévouement
Pensées amicales

Cristo[illegible]

Le Chant du cristal

Cristal Joan

Le Chant du cristal

Publibook

Retrouvez notre catalogue sur le site des Éditions Publibook :

http://www.publibook.com

Éditions Publibook
14, rue des Volontaires
75015 PARIS – France
Tél. : +33 (0)1 53 69 65 55

IDDN.FR.010.0117521.000.R.P.2012.030.31500

Cet ouvrage a fait l'objet d'une première publication aux Éditions Publibook en 2012

Retrouvez l'auteur sur son site Internet :
http://cristal-joan.publibook.com

Remerciements

Quelques complicités m'ont été précieuses dans la réalisation de mon recueil : *Le Chant du cristal.*

Je veux remercier vivement :

- Yann, mon fils pour ses talents informatiques ;
- Frédéric, mon époux pour sa complicité ;
- Dominique Morlet, photographe et ami ;
- Marcel Bouchard pour m'avoir permis d'utiliser quelques-unes de ses œuvres pour les plus magnifiques illustrations de ce recueil ;
- Patrice Larue, sans qui je n'aurais pas repris la plume !

Merci également à toutes les personnes qui m'ont encouragée, par quelques mots gentils, à venir jusqu'à vous !

Préface

Cette fièvre d'écriture m'est apparue au spectacle d'une œuvre d'un artiste peintre. Une miniature, offerte et signée par M. Fish.

Celle-ci m'a littéralement transportée au pays des artistes qui aiment exprimer leurs sensations et leurs sentiments.

Ma démarche réside dans les mots…
Écologiste dans l'âme ;
La faune, la flore ;
Nature et saisons s'entremêlent ;
Mes proches, mes animaux de compagnie et les sentiments que tous m'inspirent !
Des souvenirs remontés en surface ainsi que ma sensibilité à fleur de peau ;

Et voici, pour vous les faire partager, mes mots…

Une parole

Une parole est un souffle d'où rejaillit la vie !
La page qui se tourne du néant ressurgit
Dans sa blanche pâleur
Redonnant des couleurs
À des jours bien meilleurs
Si toi, tu y écris les mots venus du cœur !

Le chant du cristal

Vers de Cristal !
Du vague à l'âme
Emplit ma coupe, à moitié de chants de cigales
L'autre moitié : am, stram, gram…

Parfois, les rêves sont plus vivants
Que sur la terre
En survivants
Continûment nous on s'affaire… !

Son chant scintillant cristallin
Évoque l'autre monde aérien…
Ici bas, la vie bien trop nous blesse
Ici, là, peu d'instants d'allégresse !

Je suis partie à sa rencontre ; c'était fatal
Là-haut dans un ciel plus clair et plus pur
Mon chant d'espoir pour le séduire par mon allure…
Paroles et muse de Cristal !

Mon jardin des souhaits

Il y aurait un jardin
Où l'arôme des fleurs se mêlerait à ton suave parfum,
Si tu m'accompagnais le long des allées de clairières ou celles ombragées
Sous un soleil d'été…

Les arbres, forts de leur robuste tronc,
Épanouis, verdoyants, s'élançant radieux vers l'infini du ciel
Exprimeraient sans vergogne ce qu'est mon vain appel :
Que tes racines prennent ici, pour une vie entière, leur nouvelle mission !

Il y aurait des oiseaux qui chanteraient pour toi
Tandis que tu murmures à mon oreille fine, attentive
Tes grands espoirs, tremblant d'émoi à de si nobles joies ;
En langage courtois, d'une langue divine, troublée et non passive…

Il y aurait aussi une fraîche rivière
Où son eau cristalline, claire
Attirerait la faune tous alentours
Elle s'y abreuverait librement, sans détours…

Comme moi je m'abreuve de tes mots
Qui nourrissent mon esprit au tempo Adagio
Des confidences livrées, en secret, qui me grisent,
M'enveloppent et attisent
Comme au beau temps jadis… L'envie de découvrir
En cueillant les vermeilles cerises au jardin du plaisir !

Fille-fleur*

Petite fille, Fille-Fleur, ma chérie,
Tu grandis,
Et tu rêves, toi aussi,
De conquérir la terre
Tu as goûté la vie,
Prends-la à ta manière ;
Tu croques dans le fruit
Au goût du paradis.
Petite fille, fille-fleur
Garde en toi cette candeur !

Sur cette photo c'est toi
Tu es là, devant moi immobile
Et pourtant impatiente
De retourner très vite à tes jeux
De jeunesse plaisante.
En toi je mets ma foi…
Mon sang qui coule en toi
Cette encre indélébile,
Allumera le feu
Si demain tu as froid !

Petite fille, Fille-Fleur,
Même si les années passent,
Garde bien cette grâce.
Et les délices de ton doux parfum d'innocence.
Il ravive tout net mon cœur.
Garde-le, juste pour quelque temps encore
Avant que tu ne manques,
Une fois devenue grande et majeure,
Au quotidien de mes trop longues heures…
Ma Petite Fille, ma Fille-Fleur au cœur d'or !

---

* À toi, ma fille Roxanne

Confession à fleur d'âme

Accepte qu'avec toi j'accomplisse
Des étourdissantes prémices de divertissements !
Où se croisent prudemment, **à fleur de peau**
Les mots.
Tous nos précieux moments
Sur des chemins complices.
Fulgurant épanouissement que la vie parfois réserve
Aux humbles spectateurs qui, jusque-là observent.

Notre âme, elle, protectrice se trouble
D'avides penchants pour la volupté sourde
De la délicate et sensuelle Poésie.
Comme en état d'apnée, je poursuis
Sur un fond mélodieux
De vers harmonieux
Je me livre et je crie en écrits
Mes divins appétits.

Caressant de ma main le Velin pur et doux,
Ce feuillet virginal irradié… Tout à coup
Je m'accroche, assidue, tiens le fil
De ces mots expressifs défiant l'ignorance ;
À ne taire plus avant mes pensées volatiles…
Elles me donnent le vertige
Pour peu que je m'inflige
Cette douce contrainte d'écrire en abondance !

À fleur d'âme j'expose ma confession.
Un salut de ma main, élégante et légère
Telle serait ma plume lancée à ma manière…
Elle griffonne, s'abandonne au granit-parchemin…
Voluptueusement se fond
Dans sa blancheur d'écume
Une confession à nu vaut bien tout un refrain,
Ainsi je me dévoile en Confession, intime !

Voici ma Poésie jouant **à fleur de mots**
Celle qui toujours effleurera ma peau…
Indubitablement touchée par la feuille soyeuse
Parfaitement apurée, cajoleuse,
Je m'exécute, sans rien réfuter !
Je témoigne sans tabou
Ce que mes doigts avouent
Vous révèle ma passion **à fleur d'âme** exprimée !

Paysage d'hiver

Le manteau de neige crépite…
Sous mes pas, trop pressés, se froisse
La blanche épaisseur qui m'invite
Dans son innocent paysage. Je passe
Le petit pont qui traverse
La rivière et le petit bois.
Autour de moi sévit l'hiver, ce froid !
Tout est de glace !

Les arbres dénudés s'érigent,
Tendant vers moi leurs noirs et grêles bras ;
Au pied des troncs, quelques herbes sèches
Semblent jouer aux p'tits soldats
Malmenés par les bourrasques
Qu'un vent d'état du Nord leur inflige !
Elles s'agrippent les unes aux autres
Pour mieux résister et faire front à ses terribles assauts !

Mon paysage d'hiver marque ma démarche mobile,
Criblant la très pure et si duveteuse couette
À mes pieds étendue et inerte !
Le froid cinglant gifle mes joues
De ses à-coups répétitifs…
Glacial et vif
Il se faufile
Avec véhémence dans mon cou…

D'un pas alerte,
J'entrevois par ci, par là
De frêles empruntes
De petites pattes d'oiseaux furettes,
De chats errants
Un peu malingres,
À la recherche d'un mets réconfortant !

Et, dans le sentier aux noisettes,
J'allonge le pas, allegro,
Je veux retrouver l'allégresse
Trouver dans tes bras le repos
Béni, comme cette nature fraîche
Que j'aime dépeindre comme un tableau !
Parce que cette Nature Beauté me bouleverse
Je vais me jeter dans tes bras…
Mon Paysage c'est aussi toi !

Ode a la nuit – Alexandrie

Alors que je m'endors, dans mes rêves à la lune,
Une envolée de plumes me transporte, et m'embrume
Dans les mil parfums idylliques
Qu'offre la volupté, tendres clichés aromatiques
D'un nirvana géant
Où tu t'ébats ; vivant !
J'embarque pour un pays biblique
Où les rêves se vivent sans qu'ils se compliquent
Lui, épris de la vie…
Et moi, de lui, pardi… !

Je savoure ses contours d'une ardente furie
Et tout autour de nous tout l'ensemble sévit.
Les éléments avec nous se déchaînent eux aussi !
S'entrechoquent, implosent et se foudroient !

Voilà ce que la nuit dévoile en son « grandissime » écran.
Des douceurs, des tumultes, des combats palpitants
Image d'apocalypse laissant deux survivants
Seuls au monde, savourant
Les sublimes, les transcendantes joies
Subtiles, les plus sensuelles et charnelles que les corps eux déploient.

Il n'est plus rien autour, seuls deux cœurs en émoi
Dont les battements foudroient
Du bruissement de leurs ailes
Deux corps qui s'étreignent, se rejoignent dans le ciel !

Une extrême chaleur…
Une violence, une ampleur
M'envahit tout entière…

Je succombe ; et mon cri dans la nuit
Se fait strident mais frêle
Comme un radeau perdu dans cette mer lointaine
Surnage et se démène…
Esseulé, se sentant abandonné, des vivants ignoré ;
Tangué et roulé,
Roulé et tourmenté dans les vagues
Que les vents, le courant des marées déchaînent
Et déferlent sur la trame de mes songes qui divaguent !

Peu à peu,
Je reprends mes esprits, et, avec eux
J'entrouvre mes yeux encore quelque peu endormis
À l'heure des aurores,
Quand les fleurs en leur cœur poussées
Par la soif de l'exaltante vie à laquelle elles aspirent,
Sont sur le point d'éclore ;
Le mien, serré par lui,
Attendri par l'auguste teneur de ses propos ardents
Je déverse en ce monde ma verve :
Mon **ode à la nuit,**
Qui n's'emplit que de lui !

Je ne connais plus de trêve
C'est en Alexandrie
Que je rejoins mon rêve
Fais de lui mon ami
Écris **l'Ode à la Nuit.**

Colline et val

La **Colline** déverse en bas son **Val** de verdure,
Exhale ses verdoyantes feuillures
Aux multiples facettes. Tendres verts offerts, débordant de sa coupe…
Pourvu qu'on ne les coupe ! Pourvu qu'on ne les coupe !
Une vallée esseulée, sauvage mais sauvée, baignant dans la belle onde
De la pure chlorophylle, d'où la fraîcheur abonde…

Colline, verte colline…
Respire ce doux filet qui s'immisce, complice,
Jusques aux profondeurs de ton être intime,
Inspire son odorante ardeur, savoure sa malice…
Majestueux sapin, qui, de là-haut, domine.
Fier, il redresse sa tête verte, du plus haut de sa cime ;
Il te tient en respect pour que tu n'l'assassines ! Pour que tu n'l'assassines !

Colline, verte colline…
Laissons-lui sa pudeur, couvrons-la d'attention ;
Devenons son soleil, dispensant de nos actes nos généreux rayons
Qu'aucun nuage ne vienne gâcher tant de beauté
Détruisant à jamais l'orgueil de ta forêt !
À cette triste et funeste pensée, mon cœur-orange pressée,
Pleure tout son jus de larmes dans une mer salée !

Colline, verte colline…
Prolonge ton inlassable frime.
Tu n'as pas de rival
Vois le **Val**, à tes pieds il s'étale…
Vertes Collines de mes vertes années
Je veux pouvoir encore m'émouvoir, vous bercer dans mes dignes pensées !

À foison

À foison, je chuchote des mots
Que je pianote
Sur le clavier bien triste
Couleur gravier ou schiste…

J'aimerais que tu n'suffoques
À l'énoncé du flot
De vers en trémolos ;
Pour moi, c'est une marotte !

Pardon si je sanglote
Parfois plus qu'il ne faut !

Passion

Que serait la vie sans **Passion** ?
Une rose sans son discret parfum,
Une chanson sans ritournelle ou refrain,
Vivre une vie vide d'émotions ?

Que serait ma vie sans **Passion** ?
Elle serait comme à l'abandon ;
Une maison sans sa toiture,
N'abritant pas de la froidure !

Et, sans escales sur mon chemin
Je n'atteindrais pas l'autre rive
Celle où je rejoins mon Destin
Ma barque irait à la dérive… !

Mais quelle est ma plus grande Passion ?
Écrire, conter mes émotions
Certaines sont bien cachées en mon sein,
Je te les livre ce matin.

Le coucou de la rose

La Rose de mon jardin
S'épanouira demain…
Quand tes yeux seront là
Juste en face des miens !
Mon regard incertain guette, ici et là,
S'ils te ressemblent, ou pas ?

Ces autres que je croise
Dans la rue au hasard,
Tandis que je sais bien
Que tu es tellement loin…
Je veux garder mes rêves, ils m'empêchent de tomber
Lorsque ce qui m'entoure n'est que morosité…

Un coucou pour que j'ose
T'offrir l'unique Rose
Celle qui embaume à elle seule
L'air pur de mon jardin
D'enivrants souvenirs qui se cueillent
Mais qui, toujours, gardent le plus intense parfum !

Les pépites

Tout au long de ton chemin cueilles les p'tites joies…
Aveugle et sourd, prête ton oreille à ma voix.
Effeuille les jours pleinement ;
Impulsives, elles s'offrent à toi, s'invitent à ta table, inexorablement
Mais te procurent un florilège, une mosaïque de sentiments.

Elles éclairent graduellement
Le parcours de toi, combattant,
Dans la froideur des mornes jours
Sans prévenir, innocemment !

Même éphémères elles se savourent
S'agrémentent de compliments ;
Puis finalement, tout bas, elles mutent,
Elles courent sur toi et touchent leur but !

Tes yeux s'animent car sont témoins
Que ce sont elles qui illuminent ton quotidien.
Ces petites joies sont des pépites
Comme un trésor que l'on reçoit.

Et si l'on y prend garde de suite elles prennent la fuite…
On n's'en souvient
Que parcimonieusement et l'on risque
De passer à côté c'est certain ;

Ainsi s'immiscent les petites joies
S'infiltrent à ton insu, se glissent
Et tel un *kiss*
Sur tes joues fraîches effacent le blizzard et le froid !

Si mes yeux étaient des pépites
Je te les offrirais je crois
Pour égayer tes matins tristes
M'asseoir à côté de toi !

Âme Marcel*

Si l'âme universelle avait des yeux,
Elle en aurait les tiens, cher Monsieur !
Qui déferle sur nous tant de beauté,
Avec magie, grâce et volupté…

Ta passion a des ailes, invisibles et sensuelles,
Avec un véritable don dans ta main
D'Artiste qui nous étreint
Dans les fils tissés de tes encres pastelles !

---

* Hommage à M. Marcel Bouchard, Artiste Peintre aux encres de Chine, un de ses nombreux tableaux.

Rêveuse

J'ai 15 ans, dans cette maison austère
Je médite pieusement, c'est presque une prière,
Mais elle ne révèle pas chez moi une croyance !
C'est plutôt une foi, plus encore : une espérance
Confinée qui s'exprime
Dans mon cœur magnanime.

« Trop rêveuse » je sais
Je sais que ces rêves parfois
Savent nous émouvoir autant
Et donner autant de joie
Du bonheur en dedans,
Qu'une belle vérité
Même pleinement vécue !

Il y a cet attrait
Du mystère vers l'inconnu.
Et l'âme menottée se libère
De toutes conventions ;
Elle n'a plus de critères, de barrières
Ni même de conditions.

Il semble alors facile de refaire
Le monde à sa façon ;
Tout coule, tout roule,
S'écoule
Au rythme d'un adagio, on marche sur le pont
D'un paquebot de croisière…
On refait le décor,
On s'apitoie encore !

Vivre avec des chimères
Peut nous aider parfois
À vaincre notre ennui,
Le monde qui nous déçoit.
Comme ces lectures quelquefois m'extasient
Exhortent mes écrits à se livrer ici !

Tant pis si l'on se trompe, si l'on se ment
Et si l'on travestit la vraie réalité
Puisqu'il nous appartient d'AIMER
Un peu… passionnément…
Je rêve et puis après ! ?
Et bien après, quelquefois on oublie !

On passe à autre chose,
À une autre couleur
Qui séduit par ailleurs.
Parfois, on s'y accroche !
Il y a toujours un bras solide comme une roche !
Alors pourquoi ne pas rêver ?

Pour moi c'est le plus court chemin
Agréable à souhait
S'il est loin du destin
Je le vois qui revêt
Des parures bien plus belles
D'où ne naissent aucuns regrets.

C'est un vol d'hirondelles
Libres, écrivant dans le ciel
Une phrase éternelle
Qui revient inexorablement à la belle saison
Comme une ritournelle
Ou le chant d'un heureux pinson !

Alors, je m'aventure
Et, je verrai après…
Dans un proche futur
Ce que j'y gagnerai…

Rêveuse, oui, je l'admets
Et toi, partagerais-tu mes rêves en secret ?

Dis-moi

Que faudrait-il, dis-moi,
Pour que tu coures vers moi
Pour que tu voies en moi
L'autre moitié de toi ?

Je crois en toi comme je crois au destin,
À l'amour d'un enfant, d'un ami ou d'un chien.
Comme je me réfugie auprès d'elle la nuit
Cet amour de fillette à qui j'ai donné vie !

Ma famille c'est encore Mady, le chat,
Qui partage mes nuits et ne me quitte pas ;
Fidélité du cœur qui ne reprend jamais
Tout l'amour qu'il me porte et que je reconnais !

Que faudrait-il, dis-moi
Pour que tu croies en moi
Et pour que tu sois, toi,
L'autre moitié de moi ?

L'astre de tes prunelles

Tendres petites bêtes si chères à nos cœurs,
Que nous réservez-vous,
Malgré vous,
Tout à l'heure ?
De la joie ; de la peine,
Du chagrin ; de l'espoir ;
Ou le noir ?
La couleur de l'ombre d'un ancien bonheur
Qui, défunt, s'éteint… !

Astre brillant de tes prunelles
Éblouit à jamais mon passé, et de cette étincelle
Ravive mon doux présent ; est vain !
Puisqu'il m'échappe déjà vers un futur qui meurt !

Je veux encore sourire de vos ébats champêtres
Quand la nature et vous ne forment qu'un seul être
Enveloppant notre âme de vagues submergée
D'un bonheur tout simple et singulier !
Mais pour le moins sublime
Que les heures désormais cruellement assassinent !

Mûres sauvages... Je me souviens...

Mûres sauvages
Couvrant les murs
Et les ravages
De guerres trop assassines,

Laissant là des marques et des blessures !
De profondes déchirures,
Entailles dans les murs et morsures,
Elles, elles consolent et puis rassurent !

Moi, sous la tonnelle de glycine,
Je me souviens... sens l'aubépine,
Parterres fleuris, cyprès... De cette cour dans le jardin
Je me souviens... !

Je me souviens surtout du joli banc de bois,
Faisant la roue, ravi,
Nous écartant les bras
Fait de roues de charrette
Colorées comme une salade de fruits
Nous on s'asseyait là, insouciants et heureux le cœur toujours en fête !

Hélas, le temps qui passe
Lui ôta son attrait...
Si les couleurs s'effacent
Moi, je me souviens... jamais je n'oublierai

Ni ces moments torrides,
Ni nos deux ombres ainsi se refléter
Dans le traître hublot du garage glacé,
De l'unique fenêtre comme s'il était hanté !

Si la nature,
Par sa beauté originelle,
Pare aux blessures…
Mes souvenirs dans le jardin de mon enfance
Ne s'en iront à tire d'ailes
Je me souviens… de ce coin intime et secret de mon Est de France !

Transition

Sur 2010, tu refermes la porte…
Et de tes souvenirs que ton cœur, lui emporte,
Garde bien le meilleur, au chaud dans tes pensées
Qu'il te réconforte quand le froid de l'hiver viendra à le glacer !

2011, dans son vent de promesses,
T'emporte dans son sillage d'enivrante allégresse de la St Sylvestre !
L'espoir doit renaître, apaisant les tensions
Émotion, compassion s'entendent à l'unisson.

Vive 2011 : La vivre dans la joie !
La gaieté et la sincérité, fasses d'elles ta voie…
Je veux ce que tes vœux te disent
Ce que pour toi et moi l'Amitié symbolise !

Prière d'une herbe folle

Je suis cette herbe folle
Tapie là, sous la neige,
Bien cachée dans le sol,
Je me terre, je frissonne !

L'hiver, long et austère
Étire sa longue farandole,
Épaisse de ses larges et cotonneux flocons.
Je prie que le printemps arrive pour de bon :
Me sauve de ces frissons
Qui glacent mes poumons.
Que percent enfin, au travers du frimas
Les timides bourgeons,
Doux et fidèles compagnons que voilà.
Que, hors de tout tracas,
Fièrement exposés au soleil d'avril,
Ils soient spectateurs, sans en perdre le fil,
D'une constante progression ingénue et sensuelle
De cette nature belle,
Exposant à tout va ses charmes de demoiselle,
Atteignant sa plénitude, son zénith
A rosée des jovials soleils matinaux !

Je prie, qu'allongé sur le lit de la terre fébrile
Le tapis d'artisan
Tissé de fleurs des champs,
De violettes et de campanules,
M'accueille gentiment, même m'adule.
Qu'inondée de toute la lumière pleuvant d'un ciel généreux,
Je puisse m'épanouir, m'enivrer de ses feux !

Que toute la nature avec moi se réveille ;
Qu'elle explose de joie sous l'effet du soleil ;
Que vous tendiez les bras
À ceux qui comme moi
Attendent de la vie qu'elle nous émerveille !
Qu'une immuable symphonie envahisse nos oreilles !

Admiration céleste*

Quant à moi, inspirée je renais à la vie,
Les poumons regonflés du virtuose esprit
Qui initie mes sens et mon noble appétit ;
De ce talent intense qui embellit nos vies !
J'en veux de cette drogue-là.
Ce piano noir à queue, laqué, majestueux !
Dans l'antre de la foi comme une lettre ouverte
Où tes mots sont des notes chantantes sous tes doigts…
J'aime ce refrain-là qui jamais ne s'arrête…

* Hommage au talentueux Jean-Louis Thomas, Pianiste-Compositeur

Un grain de poussière

Je n'suis qu'un grain de poussière
Infiniment petit ;
Éparpillé parmi vous
Dans cette trouble atmosphère.
Particules en errance, et ce, à l'infini
Au milieu des jours glauques

Par notre grande faute,
Malgré les garde-fous,
On dévale
Très vite la pente,
En dédales…
Un peu trop vite, c'est tout.

On se perd malgré nous,
Dans les étroits méandres
D'une vie étriquée
Qui limite nos espoirs
Et amenuise tout. Soit on le fait
Soit on laisse tout choir, se créant des regrets.

La terre poudrière,
Immense boule bleue qui parfois sent l'éther,
Elle expie dans le feu…
Entonne comme un aveu
Ses terribles angoisses,
Ses tremblements de terre, et ouvre des crevasses !

Fatales destructions engendrées des méfaits
Des hommes et de leur hargne,
Obnubilés par soif d'éternel progrès,
Ayant le vent en poupe pour leur propre intérêt.
Elle ne nous épargne pas et, bien déterminée s'acharne
À ce qu'on ouvre les yeux maintenant ou jamais !

Mais, comme tout à chacun,
De la poussière ce grain,
C'est à lui qu'appartient
Le sort de notre Terre
Au creux de ta puissante main, Ami Humain
Son destin sera-t-il poussière ? !

Ils ont froid
(Pour la S. P. A.)

Quand le froid de la nuit sévit,
On tire à nous les belles couettes duveteuses ;
Et l'on oublie
Que non loin de là
Eux, ils ont froid !
Nous pourrions sûrement leur donner
Plus qu'une affection chaleureuse :
Une couverture démodée
Mais épaisse et chaude à souhait ;
Une qui traînerait dans le grenier
Afin qu'ils puissent s'emmitoufler,
Eux qui n'ont même pas de panier !

Majesté cathédrale

Tu trônes là, l'âme fatale.
Mais ta fatalité nous tanne !
Comme l'est le cuir bruni
Sous la main de l'ouvrier tanneur
À jamais jauni, aplati,
Aplani, amoindri…
Quels désirs à fuir sur l'heure ?
Quel autre dessein à embrasser ?
Un avenir de cuir,
De pierre ou bien d'acier ?

L'humanité hésite
Malgré tout, et revient à des rites,
Des courbes et des allures plus douces ;
Comme sur les arbres la mousse
Recouvre le cuir blanc
De troncs depuis plus de 100 ans
Installés à demeure,
Alors que je me meurs
D'au moins mil heures
À t'attendre… Je demeure !

Les eaux tendres du Gange

Les eaux tendres du Gange
Douces et flottantes telles les ailes de l'ange
M'enveloppent et me grisent !
Douce emprise du temps
Sur nous n'a pas mainmise ;

Les eaux tendres du Gange
M'envahissent, me chérissent,
Me saisissent, me bénissent
Comme une certitude
Mais jamais dévoilée,
Force d'une habitude.
L'aveu du plus beau sentiment partagé
Ne souffrant pas du temps,
S'écoulant, fulgurant…
Je conte là l'Amour
Puisqu'enfin démasqué
A pu voir le jour
Et naître à tes côtés !

L'hiver

C'est lui,
Le maître de cérémonie,
Qui, en grand magicien
D'un revers de la main,
Transforme notre terre en un rêve
Éphémère, un peu comme une trêve !

Dans un élan de générosité,
Il nous lance une bise
Fraîche mais exquise,
Déverse sa déferlante poignée
De flocons par milliers
Rafraîchissante et pure, toute de perplexité !

Dans l'agglutinement de ces gros nuages,
De cumulus, de nimbus,
La terre, géante boule de neige
Lentement, se désagrège ;
Trésaille sous les assauts venteux et brusques
Qui pénètrent ainsi les lourdes chevelures des arbres.

Des haies de nos tendres villages,
Aux spectres de nos forêts sableuses
La nature s'habille d'une large fourrure
Légère et vaporeuse…
Prend des airs de gravures,
D'esquisses paisibles et de sages images !

Notre belle terre ainsi fardée
Semble pommader ses profondes plaies
Elle efface ainsi tous les sarcasmes, toutes blessures de la vie.
Afin de la rendre plus gaie, à nos yeux, plus jolie,
Elle allège le poids de ces longues nuits sombres
Appelle son amie Lune afin qu'on y succombe !

Sur un damier

En noir et blanc, je joue sur un damier
Avec mes sentiments
Contre le sens du temps !
Je suis la dame et toi le pion léger.
La partie dure la vie
Qui fuira elle aussi…

J'accroche des vers en vert
À toutes mes pensées
Qui s'ouvrent et se referment
Trop vite pour te toucher…
Il y a… c'était naguère mais aucune colère
Juste l'absurdité, sobrement évoquée, tenant en quelques termes.

Memphis loup

Loup tendre aux yeux de couleur ambre, marron glacé,
Deux belles amandes effilées, que l'on croquerait volontiers ;
Dont les crocs solides comme un rock, une roche dure sous le glacier
Contraste avec la douceur ingénue d'un cœur soft à aimer !

Emblème fétiche du foyer, avec constance, tu nous offres
Ta jolie gueule de carnassier au regard désespéré !…
Tu es le sel de la famille, la poésie du quotidien ;
Tu es plus qu'une compagnie, toi, tu sais nous prendre la main…

Chaude, sincère et réconfortante
Ta présence est essentielle aujourd'hui ;
Tu rayonnes de l'intérieur, ton aspect magnifique aussi !
Exceptionnelle ta « personne » rassure, comble de joie Grands et Petits !

Je veux encore prolonger le bonheur de t'admirer
Toi, le majestueux garde du corps, fidèle,
Sur le perron, devant l'autel
De notre Maison, oreilles dressées, noble et fier et sur tes deux pattes campé !

Je serai là, pour t'épauler
Quand tes forces viendront à céder
La place à une vieillesse, hélas, qui déjà te menace.
Une accablante évidence de quinze années me tourmente et terriblement me tracasse… !

2012

Ma main tendue vers toi t'offre le Vin doux et chaud
20.12 s'annonce comme d'une vie le cadeau.
De la cannelle pour son goût authentique
Et un fumet enivrant, aguichant, sympathique
Symbole de l'amitié toute partagée
Touche ton cœur et le réchauffe en secret…

De mon Alsace je te rapporte quelques clichés
Des Colombages et des ruelles illuminées,
Et, tout là-haut, sur une cheminée, en chien de garde du père Noël,
Un couple de cigognes
Dans son large nid de paille se pelotonne…
La magie de Noël opère ; elle t'émerveille !

Que cette nouvelle année, soit douce
Pareille à ce vin chaud accentué d'arômes
Et que pour toi tout mousse
De belles saveurs, de bonnes senteurs, du rhum
Vitalité, sensualité, et aussi générosité
Car surtout, n'oublions pas de partager !

À l'heure où…

À l'heure où le soleil disparaît à l'autre bout du monde,
Moi, pour te retrouver,
Je retourne à mes songes…
Ils n'appartiennent qu'à moi, laisse-moi te les conter

C'est l'histoire d'un Amour
Qui veut, sans grand détour,
Sortir de la nuit sombre et cesser de dormir.
Offre-lui ce cadeau : le bonheur de vivre !

L'Amour, c'est l'été du cœur
Le ciel bleu, la douceur…
C'est le chapeau de paille dans le grand champ de blé
Ou bien le carnaval en nos corps déguisés !

C'est le temps de la fête
Le temps qui s'arrête.
Où l'horloge à nos yeux
Nous importe si peu !

Il va par les chemins les plus mystérieux
Là où l'ombre des forêts nous protège des cieux
Parfois aussi brûlants
Que les grands sentiments…

L'Amour, c'est la nature
Les fleurs et la verdure,
Et le chant des oiseaux
Bien plus beau que les mots !

C'est l'envol des cigognes de l'Est
Pour les pays plus chauds,
La sauvegarde de l'espèce
Et des jours nouveaux…

C'est le petit ruisseau
Qui serpente dans la mauve bruyère…
Ou les vagues inlassables
Au long des golfes clairs

Chaque Amour est unique,
Dans un pays magique !

Feintes

J'ai feint de t'oublier,
J'ai feint de t'ignorer
Et la vie à présent
Elle semble m'échapper…
Comme l'alcool dans le sang
N'y est impunément,
J'en n'avais pas assez
Ou trop, me dépassait.

Trop de joie dans le cœur
Débordant de bonheur…
Trop de rêves partagés
Qui ne seront pas nés
À la vie au grand jour…
Trop de mots renfermés,
Jetés sur le papier,
Absents dans nos discours !

La vie est une douleur
Que j'aimerais oublier
Pour t'oublier vraiment ;
Ou moi, confusément !
Sentiment enfanté n'était prémédité.
Un amour-amitié que je n'ai pu supporter !

J'ai feint de m'éloigner,
Feint de t'abandonner
Pour pouvoir retrouver en moi la volonté
De n'me laisser guider par toi sans hésiter ;

De n'plus être vouée, corps et âme,
À ton seul, à ton funeste charme
Je n'ai plus accepté.
Tout, j'aurais vraiment tout fait.
Tout pour me libérer ;
Mais la faim aujourd'hui revient me tenailler…

J'ai feint de t'effacer
Feint de t'éliminer
De mes jours à venir
De mes nuits à mourir.

Le soleil disparaît doucement de ma vie
Et mon corps lentement se refroidit…
Tant de feintes en vain,
Je n'en vois pas la fin !

*

---

* Tableau de M. Marcel Bouchard, Artiste Peintre

Ma Nancy

Elle, légère, élégante,
Svelte et fringante
Quand le bonheur d'un coup l'enchante
Sautille, s'élance virulente comme une ode chantante !

De son joli minois, son museau effilé sur ma joue,
Dépose follement un tout petit bisou…
Trémousse sa longue fourrure soyeuse fauve et charbon,
Douce voluptueuse caresse d'eider dans l'édredon…

Quand j'y pose ma tête… évidente séduction.
Évidente connivence.
Idem attachement, magnifiques sensations…
Harmonie et confiance.

Dans l'âme on se ressemble !
Je la console souvent lorsque de peur elle tremble… !
De douce compagnie, telle une fille, ma mie,
Ma chienne, ma Reine : ma **NANCY**

Le bleu des cieux

Les yeux baignant dans l'infini des cieux,
Dans l'incommensurable palette de ces bleus
Où se mêlent et se jettent du presque blanc laiteux
Au plus intense indigo, mes sens se délectent du soyeux camaïeu !

J'y noie tous mes chagrins,
Plus d'artifice enfin.
J'oublie pour un instant, fugace mais vraiment,
Les peurs qui m'étreignent
M'astreignent régulièrement !

Je rejoins cette mer calme et presque sereine
Au jardin du petit matin, juste après le réveil…
Belle émotion qui naît, naturellement sensuelle…
D'une nature me paraissant alors indemne ! ?

Nature naturelle !

Nature, naturelle !… Naturellement belle !
J'aime ces bruits qui étincellent
Aux premières lueurs d'un frêle soleil !
De piaillements en chants d'hirondelles
Qui traversent haut notre large ciel
Je m'éveille heureuse à toutes ces merveilles…

Tous nos oiseaux sont des trouvères,
Des troubadours ; joyeux compères du temps naguère
Contant l'éclat d'un nouveau jour tout neuf qui se lève,
Laisse à la nuit le rôle ingrat du bras tenant le glaive.

De l'aube fraîche et pâle au plus brûlant soleil, quand au clocher, midi sonne,
Écoute les oiseaux s'interpellent, se parlent, entonnent
Des canons, des refrains, des chansons ;
S'engagent dans d'interminables conversations…
Heureux de contempler, du haut de leur balcon,
La verte et tendre nature dont la terre nous fait don !

Alors qu'une brise légère vient caresser les feuilles,
Les arbres se trémoussent dans leurs chants guillerets.
Agréable zéphyr, nous souffle à l'oreille
Ces quelques vers charmants que l'appétit accueille,
Regroupés en refrain au milieu des couplets…
Apaise nos tensions d'une vie bien cruelle
Et nous fait découvrir une ode langoureuse
Où jaillirait une source vive et joyeuse…

Baignant dans la verdure épaisse et généreuse
Du printemps qui s'éveille, lui aussi est serein !
Il exhale ses parfums divins
D'herbe fraîche et de romarin.
Les jeunes pousses s'émoussent dans le petit matin.

Le temps du renouveau, de la rose apparaissant, noble, exquise,
Et dépliant sa robe encore toute fripée et froissée,
Au sortir d'une nuit quand la bise la frise,
Se pare d'une élégante robe de soie et de soirée,
Cousue avec délicatesse, gracieuse volupté,
Déployant ses lisses et frais pétales hydratés de rosée !

Tandis que, sur la branche, et tout en haut perché,
L'oiseau lui fait sa cour.
Infatigable et zélé.
Il entre en grand discours,
Toutes plumes lissées,
Propres et soyeuses,
Juste pour lui vanter
Sa beauté sulfureuse !

Le regard étonné,
Mais tellement flattée,
Elle s'ouvre à la vie,
En lui offrant ainsi son doux parfum de fruit !
Il a su la séduire, elle a su le charmer !

Coquelicot vermeil

Coquelicot vermeil donnent aux champs empourprés
Comme des notes posées, explosées en soleils rouges d'été.
Des flaques écarlates
Sur les prés verts éclatent
Bouquets éparpillés sur le tendre gazon,
Et entament en canon,
Une belle ritournelle
Que l'enfance fredonne comme dans cette chanson…

Reviens petit et grand, éclate tes carmins,
Parsemant nos chemins de baisers si fougueux
Le rose pâle de nos joues
Se colore tout à coup
En pétale rubescent
Où germe un sentiment tellement incandescent.
Nature, immensément sanguine
Et à regret, ni sage, ni vierge, malgré tout magnanime !

Cigognes m'étaient contées...

Petit tour en Allemagne, où l'air vif et pur
Nous enveloppe mais nous rassure...
Ici tout est nature...
La Forêt Noire est sa guirlande,
Toute bosselée et verdoyante,
Où les sommets enneigés
Aspirent à l'éternité de la paix !

Pour Étoile au sapin
Le décor que je peins :
Un couple de cigognes
L'une craquette et l'autre prend son envol
Avec en toile de fond
Un rayon de soleil lumineux et profond.

Tout en haut des toitures sur une cheminée
Il fait bon se chauffer
Lorsque les ailes frêles frissonnent même lissées
Dans l'air cinglant et frisquet !
Belle cigogne, noble, élancée
Ton bec rouge vermeil est générosité
Tes présents légendaires sont nos chers bébés

C'est avec elle,
Scrutant l'immensité du ciel,
Que je retrouve enfin ma liberté
Et mon pays français de l'Est
Que je délaisse
Mais à regret !

Ce regard d'opale

Infiniment bleu…
Bleu de l'infini…
Ce regard d'opale, transparent, mystérieux !
Toute une poésie
Qui s'immisce et s'imprime à jamais
Comme un trésor caché
Dans une malle en secret…
J'aime la retrouver quelquefois, au grenier ;
J'aime y retourner dans mes rêves, assoiffée
De ces plaisirs d'un temps où la vie
Semblait une promesse ;
Rien n'était alors écrit
Même pas nos prouesses
Ni même nos regrets.

Une désinvolture qui fait froid aujourd'hui
Quand on prend la mesure des décisions enfouies
À tout jamais, dans un absolu
Où le rêve n'a plus aucune place, révolu.
Quand un jour tout bascule et prend fin
Car le vide du silence a réduit à néant
L'histoire de nos deux vies imbriquées en l'instant,
Qui perdure mais s'inscrit dans un passé certain !
Quelle peut être la place ?
Qui saura quelle trace
Reste en nous, opalescente et flasque
Tout à la fois mais renaît par bourrasques ? !

Une page romancée, inédite
Et Non dite,
Figée, abandonnée, dans l'opale
Matinale
D'un lendemain d'été.
Un lendemain où mon cœur blessé
N'a jamais pu combattre
Un rêve qui s'est perdu par peur de s'abattre
À nos pieds, découragé, et vain !
Pourtant il me reste l'emprunte raffinée,
L'opaline bleutée de ton iris baignée de gouttes de rosée… !

Tant qu'il y a…

J'aime les mots ;
Et puis aussi les maux ;
Qui, lorsque les premiers sortent de cette torpeur,
Qu'est la violente douleur,
Naissent et apparaissent par contraste sur la blancheur
D'une feuille ou de l'écran immaculé comme la neige
Vierge
Et non foulée de pieds souillés, sans cœur !

J'aime l'émotion
L'inspiration
Fournie par un sentiment d'accompli.
Des sensations d'antan
Qui ne s'effacent avec le temps !
De quelque chose qui se doit d'être dit
Même au risque de n'être pas compris…
Alors tant qu'il y a de la vie… !

Vison-l'apocalypse…

Sous ta douce « pelisse »,
Frissonne ta peau… lisse…
Vision d'apocalypse !
Vison soyeux, marqué de gypse…
Hélas ta chair tendre n'est pas épargnée.
Ton écrin de fourrure – beauté si convoitée –
Est une tendresse chère qui caresse
La main avide du tueur qui se plaît arriviste.
Il te vide de ta vie, jamais n'aura de cesse
Jusqu'à ce qu'il n'en reste. Pour lui elle a un prix.
Pour toi, ben c'est tant pis ;
C'est ainsi, qu'il existe !

Ton petit corps souple et grêle qui ondule
Disparaît et s'éteint au profond crépuscule !
Ta vie tant menacée redevient si fragile,
Ne tient décidément qu'à un fébrile fil…
Est-ce le fil de l'Amitié
Ou de l'humanité perdant tout humanisme
Rien que pour profiter !
Où est dont l'héroïsme ?
J'aimerais que nos enfants te contemplent Vivant,
Dans une nature pure,
Comme on fait la rencontre parfois de chats errants
Peuplant les rues des villes ou bien se pourléchant, perchés là sur un mur !

Un corps à corps est chaud
Quand la vie, au-dedans, l'anime !
Jamais je ne voudrais, ni même m'imagine
Plus aucune vie dedans. Plus un mot !
Ni geste, ni sentiments. Seule une beauté blafarde,

Sans flamme dans le regard, ni étincelle divine !
Penses-tu qu'on s'y attarde ?
N'ôte pas sa richesse à l'être qui te fascine
Tend l'oreille à son cœur palpitant, épanoui ;
Entend battre la chamade de son seul vrai trésor… et laisse lui Sa Vie
Afin que le doux vison du monde ne s'éclipse
Avant l'apocalypse !

Dame maman

Ton réveil, soleil chaleureux,
M'aide à ouvrir les yeux,
Éblouis par ta généreuse tendresse
Tartine de douceurs, Donuts d'allégresse…
Note de charme sensuel à la table matinale
Sous un ciel bleu pâle !

Chaque jour sonne comme une découverte ;
Chaque instant, chaque pas est une main ouverte
D'une discrète présence d'une fidèle dame !
Je contemple la flamme
Brillante de tes yeux
Qui veille bienveillante, flambante dans cet aveu !

Le Maroc

Un pays immense et magnifique, fait de diversité :
Culturelle, religieuse, aux multiples beautés ;
Là-bas, j'y ai laissé le parfum des roseraies,
Amandiers, arganiers et les oliviers lourds de leurs fruits chargés
Tombant et se penchant vers toi, en grappe,
Pour que tu les attrapes !

J'ai également quitté, bien à regret,
Les sables du désert, et leur immensité,
S'étalant à nos pieds, sous les sabots solides,
De leurs fiers dromadaires, aux jambes longues et souples
Tant agiles que dociles,
Aimants être caressés par nos ardeurs tactiles
Et court la caravane sur les pistes en boucle
Car les voilà lancés comme de vaillants bolides !

J'aimerais encore toucher
Les tapis que les Berbères tissent
D'un regard plein d'intérêt et de contemplation ;
Sentir sur ma peau la douceur des soieries, brodées de fil d'or, riches,
Colorées aux pigments des épices
Que l'on trouve présentées, alignées dans les sacs de jute et qui les enrichissent !

Ici à Taroudannt, « Petite Marrakech »
La muraille revêt sa parure neuve et fraîche,
Elle arbore pour ses touristes une belle peau de pêche.
Et l'on trouve dans les souks, au long des dédales d'étals
Le fruit de toute leur pêche.
Tout s'achète, tout se vend, se marchande, se détaille

Mais le sourire s'offre avec quelques présents aux étrangers passant !

Je laisse derrière moi, leurs accueillantes casbahs
Aux décors chaleureux, ses rouges, ses orangés, ses ocres,
L'atmosphère si intime, nous enveloppe, nous dorlote !
Alors on se laisse aller à rêver, vautrés dans les voluptueux sofas,
Thé à la menthe versé avec grâce et générosité, exhale son odorant parfum
Qui taquine nos gorges assoiffées qui se délectent déjà de ce fameux embrun !

Mes gouttes de rosée…

Ces gouttes de rosée sont miennes
Miroitant un instant dans tes yeux
Seraient-elles parfois tiennes
À l'aveu de l'adieu ?

Ces quelques escapades,
Libres dans les collines verdoyantes de pureté
Naïve de ce que l'homme ne songe à l'exploiter.
Un bien précieux de Jade !

Seraient-elles encore intactes, souveraines
Dans tes intimes pensées ?
Leur image présente dans ma tête, sans cesse me ramène
Là où je souriais,
Où le bonheur s'écrivait
En brin d'herbe à ta bouche suspendu
Comme moi-même à chaque mot,
Ou parole qu'avidement je bus !

Chaque note dans ta voix
Faisait danser en moi des mondes inconnus,
Des espoirs, le mystère et la gloire
Avides d'une vie neuve que j'eus alors perçu !

Une perle de rosée
S'est frayé un chemin sur ma joue pommelée,
Ravivée, éblouie de tes sourires bleutés… bleutés… bleutés…
Même l'écho de ta voix chantante à mon oreille
En parfaite harmonie à l'effigie sensuelle
Resplendira encore dans mon souvenir, frais !

Tu marches à mes côtés
Et la vie coule ainsi comme ces perles de pluie
Glaçant, plombant de gris
Mes trop longues insomnies…

Le rêve reprend sa place
Où nous l'avions laissé,
Car chaque jour qui passe
Ma pensée se déplace :
Petite perle qui roule
Retrouvera le chemin de la belle campagne
Au temps tellement béni d'ultimes retrouvailles !

Cette fraîche rosée pourrait bien présager
Une belle matinée ouatinée de satin…
Effeuillant chacune de ces douces heures
Chaque pétale au cadran de la fleur
Comme une part de bonheur
À prendre, à respirer, vainqueurs !

Verte saison

Tant que l'herbe sera verte
Au creux de la vallée,
Que les timides violettes
S'épanouiront ravies au pied de ces sauvages bosquets,
Frémissantes sous le vent
Par la bise effleurées,
Je garderai l' e s p o i r
D'un monde un peu moins noir !

Quand le frileux Avril,
Funambule hardi descendant de son fil,
En vaillant conquérant, sort enfin du refuge,
Quel heureux subterfuge.
Il quitte tout de bon son invisible armure,
Et se fait chef d'orchestre
Pour la Belle Dame Verte !

Et voilà mon émoi,
Ce printemps hérissant fraîchement l'herbe verte,
Le partage avec toi !
Il taquine nos fébriles narines
Des pollens volatiles
Et parfums aromatiques telle la ciboulette…
Des jardins qui abondent
D'épices jaillissant de la terre féconde !

Il enchante nos oreilles
Du chant du gai pinson ;
Réveille les abeilles
Besogneuses, avides de floraison,
Pour s'ébattre dans la ruche et bourdonner ainsi, à l'unisson…

Nos yeux sont le miroir de la Verte Saison
Vois, là, dans nos regards…
Vois fleurir des sourires – l'infini de l' e s p o i r
Qu'est la Verte Saison !

Turquoisine

Turquoise comme ces langueurs océanes
Qui vacillent au gré d'un doux vent d'été ;
Quand la brume apparaît telle un nuage diaphane
Ces éclatants et divins bleus, de vert nuancés,
M'invitent à imaginer une terre d'éden,
Des jardins parfumés ;
Et là, dans tes prunelles
Les mil et unes couleurs telles un trésor se refléter.

Alezan

Bel Alezan ami,
Ta soyeuse robe fauve sous l'astre solaire luit !
Une note qui chante… Un soleil bondissant dans la vaste prairie
Rayonne, resplendit.
Le souvenir d'antan ressurgit
Très tentant, et jaillit de ma nuit !

Sculptural Alezan,
Superbe et séduisant
Hante mes journées mornes ; le temps perdu s'enfuit,
Il ressemble à l'automne.
Je rassemble mes feuilles pour qu'elles ne tourbillonnent,
Ne s'éparpillent pas au fossé de l'oubli !

J'ai un cheval fou, fougueux ; et fou.
Qui trotte sans arrêt, qui trotte dans ma tête
Un peu comme un « Grand Loup »
Tenaillé par la faim que personne n'arrête !
Je n'en viens pas à bout.
Envahit mon espace et puis dévaste tout !

Mon cheval a les crocs
Donne des coups de sabots.
C'est mon cheval de Troie qui s'impose et me noie
Dans l'opulence grisante des souvenirs d'autrefois.

Alezan, hidalgo,
Ton cheval de bataille,

Un combat pour la vie.
Mener cette campagne,
Arpenter, galoper dans le champ, tel sera ton défi !

Alezan, aussi beau qu'un coucher de soleil
Qui ferait disparaître tous les chagrins, veille,
Que rien ne vienne happer le bonheur convoité
D'une rencontre, improvisée par un tour que la vie nous aura réservé !

Alezan qui hennit
Aux oreilles de mes nuits,
Ni haine, ni rengaine ne m'assaillent aujourd'hui.
Je chevaucherai la Lande
Dévalerai au pied des collines oubliées de ma lointaine enfance,
Afin de retrouver la nature apaisante, chevaleresque où je me réfugie !

Invocation la lune

Lune,
Mon amie lune…
Brillante et somnambule
Oui je rêve à la lune… !
Généreuse, semeuse d'étincelles
Qui parsèment comme des petits cailloux, le rideau obscurci du ciel ;

Eh, toi ! Filant ta laine soie
Au milieu des larges cotonnades…
Demie Lune rassemble tes blancs moutons nuages
En troupeau dans ce pâle ciel bleu,
Veille qu'ils se partagent, sages et harmonieux
La galette d'autrefois, tu sais celle des rois !

Lune, toi qui espères t'offrir une timide balade,
Exceptionnelle et diurne,
Te pares de duveteux édredons,
De couettes et de mitaines…
Et jusqu'à perdre haleine
Tu traques la chaude boule blonde !

Rompant ainsi ce cercle monotone
Des seules apparitions nocturnes
Froides, voire très glaciales
Et si souvent aphones
Tu ouvres sur le monde
Ton regard de citrine sensiblement diaphane.

Oublie, Lune élégante, de la nuit les brimades.
On te surprend parfois, perdue là, dans l'azur…
D'un clin d'œil au soleil infidèle,
Qui s'offre sans compter de longues escapades,
Tu souhaites l'amitié cordiale et pure
Et peut-être aussi l'amour si la chance s'en mêle !

Toi emblème de la nuit et astre régisseur au front d'argent
Qui oriente nos âmes ou les hommes vaillants
Parfois un peu vexé tu te caches sous l'oreiller
Et en croissant doucement tu renais, tu repointes ton nez
Puis toute redondante et sensuelle
Pleine Lune enfin, tu nous reviens nouvelle !

Au moment du coucher du soleil vadrouilleur qui décline
Donne-nous ce bonheur et excelle,
Lunatique demoiselle. Illumine
Enfin la froide nuit et daigne
Refaire battre nos cœurs,
Les emplir d'une éternelle candeur !

Du miel et du souci

Campagne où mon enfance
Passa en diligence…
Colchiques dans les prés,
Tu me comptais fleurettes
Parterres de pâquerettes
Effleurés et foulés par nos souliers légers !

Un goût plaisant et doux me reste sur les lèvres
Du miel blond coulant… – ta chevelure claire…
Coule encore dans ma gorge serrée des souvenirs d'hier
Où j'étais ta Juliette
Au milieu des violettes
Mais les petits Soucis ont pointé leurs collerettes !

Ainsi l'on trouva, fortuit,
Le long d'une ballade colorée d'orangé le Souci,
Puis quelques autres encore
Plus violents et plus forts !
Alors l'on s'arrête ici, là, de flâner, de rêver
D'une lune de miel, sous la lune étoilée.

Une plume légère

Si j'étais une plume,
Je voyagerais, légère,
Entre vents et marais
Dans le courant des airs,

Je chanterais à la lune
M'accrochant aux roseaux surgissant de la brume
Qui penchent vers l'étang leur long
Long bec de velours charbon…

J'invoquerais les dieux de mes pieuses prières ;
Demanderais au croissant revenant
D'inonder de lumière
L'onde marécageuse qui englue ton présent !

Ainsi libérée de toutes mes attaches
Mes phanères allégés voleraient dans l'atmosphère
Au gré du vent complice de mes désirs fugaces
Pour aller me poser à tes pieds, juste à terre !

Ne plus en décoller allégerait mon cœur !

Nimbe

Ce coin de ma mémoire a pris toute la place
Je n'aurai pas de cesse
De te le dire en face
Et prie que pour toi ma faiblesse
Ne ternisse l'image d'un souvenir charmant ;
D'une jeunesse peinte
Tout entourée d'un nimbe ;
Que les ans sur l'histoire n'entachent en rien
Ce qui me reste en fin :
Ces mots que pour toi je murmure
Résonnent aux confins de mon âme obscure
Mes tendres et purs sentiments !

Aquarium pour l'homme

Petit poisson pimpant aux couleurs brésiliennes
Du pays du soleil qu'il ne verra jamais
Émeut et émerveille
Par la diversité, des couleurs qu'il revêt !
Tourne dans son bocal,
Bien trop juste pour sa taille,
S'ennuie et se morfond,
Tourne en rond, tourne en rond…

Jeune pousse chérie

Si petits et pourtant,
Tant de place ils occupent déjà dans notre cœur
Attendri d'amour, croissant au fil des heures,
Des mois, des ans…
On aimerait bien retenir ce temps
Où le grain germe à mûrissement !

On engrange précieusement nos Souvenirs
Des étonnants progrès qu'ils réalisent.
Et, sans faillir,
On félicite, on s'ébahit mais sans vraie maîtrise
Devant leur force de caractère.
Tels des épis de blé ils se développent de façon bien singulière !

Il suffit qu'une toute petite graine,
Par veine, parvienne
À nous donner ce fruit bénit de notre chair ;
Généreux verger, ce corps-cœur de mère,
Cette jeune pousse, naissant à la vie,
Vient la pimenter, nous, on la chérit !

Complainte de bord de mer

Le vent malin couche les herbes sèches et frêles qu'il croise sur son chemin
Elles se courbent puis se redressent
Prenant cela telle une caresse
Un geste d'amour fait de sa main

Il donne sans compter de fraîches sensations ;
Formera une dune en marque d'affection ;
Réunit et resserrent les êtres qui se pressent
Sur la grève balayée des vagues qui vont et viennent sans cesse…

Moi, j'aime respirer cette brise marine
La mouette prend son envol et de là-haut domine…
Lui, de n'en pas finir, passe et repasse jusqu'à demain,
Et même après sans fin… !

Mosaïque d'automne

Moi, j'aime ces couleurs d'ocre et d'or
Qui tapissent en bruissant les chemins, aux abords
Desquels je me plais à respirer encore
Les odeurs presque suaves, moites, tantôt fadasses,
Avant même que l'hiver s'installe et nous menace !
Éblouie par ces quelques trésors
Tombés, éparpillés ; happés, mouillés, déchus
Par l'œuvre des bourrasques
Du vent soufflant, furieux, sa hargne dans les feuillus !

Elles planent et, dans l'air rafraîchi, volent au vent
Des regrets du printemps qui s'efface.
Tombent et tourbillonnent
Les teintes chaudes de l'automne…
Les feuilles nous abandonnent
Libérées de leur lien, vois les qui papillonnent,
Froissent nos souvenirs d'été et entonnent
Un refrain composé de jours un peu plus mornes !

Les voilà à présent jonchant, feutrant le sol… Le masquent…
Forment une mosaïque immense qui s'étale
En habillant la terre
D'une tout autre lumière :
En un flambant habit de carnaval !
Ces blondes, brunes ou rousses feuilles
Resplendissantes chantent à ton cœur et t'accueillent.

Une colombe

L'Espoir est sans fin…
Espoir je te tiens
Espoir…
Même au bout de la route,
S'arrête-t-elle vraiment ? Et serait-elle noire ?
De cela je doute !

De l'autre côté… le total néant ?
Moi, le nez en l'air, je m'élance, cependant pas fière,
Je donne rendez-vous à mes êtres chers
Qui me manquent tant dans ce cours présent !

Même aux heures qui courent
Tu restes présent
Aux moments plaisants
Ou bien de velours
Là, bien protégé dans mon subconscient !

Il y aurait ainsi un monde parallèle
Ou la vie réelle côtoie malgré nous, la surnaturelle…
L'espoir d'une colombe blanche
Posée sur l'épaule, toi tu serais l'arbre et là sur la branche
Elle te veillerait, calmerait ta peine, prendrait ta souffrance…
Lirait des poèmes avec insouciance…

Je suis la fidèle colombe et mes ailes blanches
N'ont su t'approcher de mon insolence !
Usée d'insomnies
Vois, je dépéris
Je ne vole plus, ni ne tourbillonne gaie à travers le monde
Mais me réfléchis, terne et sans brillance, dans l'opale de l'onde !

Paysagiste*

Une touche du bout des doigts
C'est un souffle qui se noie
Dans un paysage tendre
Épilogue sans méandre
De la vision intérieure
Qu'inspirent les couleurs…

Les formes et la tiédeur des sentiments,
Fruits d'un regard charmant,
Peints avec tant de talent
De ton cœur en nos yeux
S'infiltrent peu à peu…
Simplement, tendrement !

Une timidité semble nous observer…
Voire se ressentir dans ton extrême finesse…
La feuille sous ta caresse s'épanouit,
Se dévoile avec délicatesse
Et nous voici happés
Par une miniature, dans l'univers magiquement mini !

---

* Encore merci à M. Fish

Neige… N'ai-je… ?

Au dehors, des images de pays enneigé, immaculé et blanc.
Une splendeur, un pied de nez aux gens,
Qui ne respectent plus cette belle fragilité
En pensant fermement l'avoir bien méritée et ainsi la bafouer.

Mon cœur, à l'intérieur baigne de rouge sang !
Au temps d'une jeunesse sous les cerisiers blancs,
On croît, puis, on mûrit aussi avec le temps ;
Mais le temps de la vie s'appauvrit constamment !

Neige qui recouvre de son habit la terre
Ne réchauffera pas mon cœur saignant dans sa galère.
Pureté jaillissante élevant nos âmes de vivants
Je t'ai aimée naguère, je t'oublie maintenant.

Si tes yeux de lumière se reflétaient dedans
Alors Neige éternelle mes ardeurs d'antan renaîtraient sûrement…
N'ai-je que des regrets, des souvenirs blessants ?
Tant de larmes qui pleuvent… Mais il n'est plus temps !

Blues émotion

Cette vague de frissons parcourt, tout entier, mon corps,
Inonde ma chair, ferme, et me remplit le cœur.
Tel le glaçon fondant
Sous le vent chaud de l'émotion venant de ton seul chant,
Vivante, vivifiante,
Elle s'infiltre et jusqu'au tréfonds de l'âme serpente !

Tu brandis vaillamment ta fidèle guitare,
Tel un flambeau luminescent s'enflamme,
Déchirant le drap froid de la nuit de jais, noire !
Y mêle harmonieusement ta voix
Aux timbres et aux accents de blues.
On navigue avec toi, sur l'affluent sournois,
Du flot de tes paroles. Ce cri que tu pousses
Porté par une vague qui s'élance est une lame !

La « blues emotion » nous conduit tout droit sur ta « Voie Express »*
Ce talent déversé sur tes fans, affamés nous laisse ;
On se baigne dans ton eau bienfaisante,
Et l'on boit au tonneau de ton ode ondulante d'émoi
Tu nous fais oublier le temps.
Le temps ne fait plus loi !

---

* Dédicace au Groupe de Blues : « FD VOIE EXPRESS »

Le blues du soir

Le poison s'achemine
Comme au fond de la mine
Dans le couloir du soir, il s'engouffre
Et confère toute sa noirceur
Au profond désespoir dont je souffre !

Je referme sur moi
Le rideau terne et froid
De l'interne solitude,
Des morbides servitudes
Et du vide de tes pas s'éloignant…
Par-devers moi : le néant ;
Une musique si lointaine…
« Déchirante » criante de ma haine !

« Taciturne », joue-moi de Chopin une Nocturne
Noctambule, somnambule
Je déambule lasse, là
Je me retrouve en bas ;
Dans les méandres étriqués des corridors noirs…
C'est ça avoir « le Blues du soir » !

C'est chanter sans voix
Ne plus rien partager avec toi
Interne solitude adieu béatitude
C'est se désintégrer
Du monde s'effacer…

Reviens Astre sacré, pointer, brillant et fier
Viens réchauffer ma sphère ;
Nuages embués et fades,
Adieu rêves maussades.
Désintègre l'outrageant désespoir
Que j'appelle « Blues du soir ».

Comme une étoile est née…

La braise de ton regard
A conquis son miroir !
Mon corps est en alerte ;
Troublée, ma peau inerte
Se remet à rêver
Aime à être touchée, doucement caressée !

Elle se colore de rose en kaléidoscope.
Éloquent camaïeu d'opale,
De Vermeille, de prune ou de fuchsia.
À la façon d'un hâle,
Recouvre mon visage
Jusques à mon corsage !

Cette variété m'escorte
L'écarlate éclate
En une flamme flamboyante
M'investit tout entière ; m'embrase
De ce feu qui me ronge et me hante…
L'appel presque rauque de ton corps, m'invite, vile à l'extase !

Apparue au détour d'un regard,
Il n'y a pas de hasard,
Un matin embrumé par un épais brouillard
Est née, enfantée d'une fée, une très belle histoire !

Une petite étoile lointaine, exhume,
Grandissante, en s'approchant un soir
Un peu comme cette histoire, née d'un troublant regard
A bouleversé ma vie, versé l'encre sur ma plume !

Les abeilles

Ancré dans ton passé
Tu n'vois autour de toi
Les abeilles butiner
Les fleurs que tu côtoies !

Le sentier de ta vie
S'étire à l'infini
Agréable promenade
Inondée de senteurs
De mille petits bonheurs
Frais et gais abreuvés.

J'entrevois une balade
À l'ombre des sous-bois ;
Là, tu foules de tes pas
Les très hautes fougères
Où tu erres,
À la recherche, ou pas,
De passions adultères ?
Se froissent-elles, ou pas,
Sous tes pas, les fougères ?

Es-tu bien éveillé ou encore endormi
Bercé par des sommeils, des sanglots infinis ?
Alors que moi, j'attends ici
Qu'ils sortent de ta vie
Appauvris par la puissante ardeur des rayons
Qu'il produit. Sais-tu : Phaéton
Ce fils de Zeus, lui, fut puni
D'avoir voulu trop tôt, brûler toute sa vie.

Tu n'attends de la vie pas assez !
Il est temps de changer
L'eau du bocal souillée ;
La ré-oxygéner ;
À l'intérieur miroitent ces clichés
Prisonniers d'un passé révoqué.

Il est temps de classer, de ranger dans des boîtes,
Impressions, sentiments, et, même les regrets
Comme de vieilles savates
Déjà de modes passées,
Usées et sans plus d'intérêt !

Mets donc une cravate,
Mais, c'est pas obligé
Fonce à grandes enjambées,
Sors de ta carapace,
Remonte à la surface ;
Respire… Aspire…
Soupire… Si je t'inspire un peu.
Arriverais-je enfin à raviver le feu ?

Ton talent je convoite,
Mets du baume à tes pattes
Prouve-moi ce que je sens
Mets la main à la pâte et la plume reprends !

Mon « tout »

Tout comme son signe, il est de feu !
Sa peau, en été, est d'ambre ;
Il se reflète dans mes yeux
Sans rien prétendre,
Qu'à ce que la vie lui donne
Et me rend des sourires par tonne !

Tout ce qu'il a
Lui vient de moi,
Et, de lui aussi, je crois…
Ses impatiences, ses exigences…
Ses mots d'amour qu'il me balance…
Il est mon « Petit » et mon « **Tout** » à la fois !

Jeune papillon blanc*

Fanfaron, bout-en-train,
Clown du petit matin
Et malin, plus encore
Recélant tes trésors
En ton cœur palpitant !
Jeune et beau papillon tout de blanc !
Quelle trajectoire cruelle
Qui t'arracha à nous et quelle atroce plaie
Ouverte à tout jamais !
« Au Bois Dormant » tu reposes désormais
Pour ta Belle !

* Pour Maxime parti le 20.05.2008

D’or et de jade

D’or et de jade
Les forêts en automne paradent ;
Dors et déjà
Les feuilles quittent les arbres
Pour offrir tout au long des sentiers
de nos belles promenades,
Des tapis où l’humus embaumés
De la nature affable
Redonne vie à la terre, toujours inéluctable !

Mon amie*

Elle a laissé, indélébile sur ma joue,
Comme la bise, murmure flou,
Une caresse qui effleure l'opale velours de mes joues.
C'est elle. Je sais la reconnaître ;
Fidèle à ma pensée,
Douce pudeur secrète ;
Mon Amie pour l'éternité !

* Dédié à mon Amie : Josiane Henry, hélas partie aujourd'hui !

Y a-t-il un dieu pour ces enfants ?*

Créés par amour…
Procréés en détour,
À jamais en retrait des sentiers d'écoliers,
À jamais à l'écart de notre « société ».

Être deux, ne faire qu'un, un pour donner la vie !
Rêver l'enfant chéri…
Dans le corps de la femme
Se développe et s'installe
Une seconde vie en soi !
Plus que sa propre vie cet enfant comptera !

Ce bébé qui naîtra embellira leurs jours,
Réchauffera leurs nuits ! C'est… neuf mois de patience
Et neuf mois de silence… d'espérance…
Au creux de soi, déjà,
Entendre ce cri jaillir, lancé comme un " Bonjour "
Tout débordant de vie et sentir là enfin son petit cœur qui bat !

À eux l'on s'est confiée,
Par eux, l'on est suivi et rassurée
Ces hommes que l'on estime…
Confiance pleine et entière leur est vouée
Ne mettant pas en doute leur belle probité…

Hélas en vérité, ils se révèlent par trop de fois, défaillants
Quand des vies, des familles, ils abîment !
Ces petits corps chétifs ne pourront pas ou peu grandir…
Du moins ni vieillir, ni s'accomplir
Comme les autres enfants !

---

* Écrit pour l'A.A.S.E.V.E.M.
Association pour les enfants victimes d'erreur médicales

Parents,
Pour ceux qui souffrent le martyre
Et vivent ce calvaire
Face à leur propre chair,
Incapables d'amoindrir le sort immérité
De l'amour enfanté,
Il faut intervenir,
Venez les soutenir !

Les mots sont ma musique
& la musique mes mots

J'en veux de cette drogue-là !
Ce piano noir à queue ?
Laqué, majestueux
Ne jouerait que pour moi…

Dans l'antre de la foi, comme une lettre ouverte
Où tes mots sont des notes chantantes sous tes doigts !

J'aime ce refrain-là qui jamais ne s'arrête
Pourtant je ne trouve aucun mot qui donne autant d'émoi !

Balades & fugues

Elles chantent à ma mémoire
Au soleil éclatant, sous la pluie, dans le petit brouillard…
Elles sonnent à mes oreilles
Intensément, quelque soit la saison,
Nos balades en forêts
Toujours une belle chanson
Inscrite à tout jamais ;
Notre jolie balade restera éternelle !

Ce sont des jours de fêtes,
D'heureuse complicité, et de satisfaction.
Qui de toi ou de moi, de l'autre fit la conquête ?…
Tu y jouais tes fugues
Mon Bach, mon Chopin…
Animal de meute, et le chef c'est certain !
Cette saison est rude,
On ne reprendra plus la chanson en canon
Toi devant, fougueux fugueur
Moi juste après, t'accompagnant ; quel honneur !

Il me reste de toi, ce regard de feu,
D'amour mutuel.
Il est, pour moi, au bonheur, essentiel !
Cette reconnaissance écrite au fond des yeux
Est bien une évidence quand on regarde mieux
Et malgré le brouillard qui pèse sur mon âme
J'y vois encore la flamme
Illuminée d'espoir d'y retrouver mon Chien devenu tellement vieux !

Elles ont passé très vite ces cent années de Chien !
Ton museau imprimé juste au creux de ma main
Me réconfortera quand ton absence dévorera mon sein.

Chaque jour feu follet, mon compagnon divin
Un peu un confident
Avec qui j'ai passé le plus, la plupart de mon temps
Toi, mon premier amour de chien, tu m'as tellement comblée
Dans le monde où tu pars, Memphis, n'oublie pas d'emporter un peu de mon regard sur toi
Tu l'as tant mérité cette vie à être aimé ![*]

[*] Hommage à mon amour de Loup

À cœur et à cris

Cette voix qui fait battre mon cœur
Et vibrer mon oreille,
Instrument sans pareil,
Qui seule me fait atteindre
Le sommet du bonheur,
Je ne sais la dépeindre
Avec autant d'ardeur
Qu'elle fait battre mon cœur !

Quand j'ai du vague à l'âme,
C'est qu'en moi, elle s'endort…
Telle une petite flamme,
Elle scintille puis s'enflamme.
Cette voix, tu vois, je l'adore.
Elle vaut plus que de l'or.
En elle est ce bonheur
Qui a gagné mon cœur !

Que je puisse la goûter, la savourer encor'
Comme un fruit du verger
Que l'on croque en été…
J'aimerais la toucher,
L'entendre respirer,
L'étreindre sans l'abîmer
Au pays enchanté !

Mes jours sont des nuits
Car la nuit, je la vis !
Cette délicate voix
Au goût de miel
Si pure, si profonde à la fois.
Elle est faite pour moi.
Personne mieux que moi
Ne sent comme elle est belle !

Elle entre dans mes rêves
Par la plus grande porte
Elle me prend, elle m'emporte…
Je ne connais de trêve
Tant elle m'enveloppe
Tel ce courrier vers toi
Le voilà, je l'envoie
Dieu fasse qu'on te l'apporte ![*]

---

[*] Dédié à Morten

Le lac de mes pensées

Danse la lumière frêle sur le lac argenté
Dans la pâle matinée de ce frileux été !
L'onde sombre ondule et brille
Et rappelle une nuit étoilée qui scintille…
Celle d'un bel été
Présent dans mes pensées !

Sologne, berceau de ton enfance

J'irai encore par les chemins sableux
Où l'herbe et les arbres s'enlacent, heureux,
Dans ce printemps aux multiples parfums
De chlorophylle et des pollens aériens,
Dans les allées et sous les pins.
Lui, il nous revient !

J'aimerais encore te retrouver,
Dans l'odeur douce de ces prés,
Ou dans notre Sologne enchantée…
Là où avide de liberté je t'ai surpris
Coursant le jeune chevreuil apeuré ;
Tu filais comme un écureuil avec tellement de frénésie !

Les abords de la Petite Sauldre ont gardé pour l'éternité
Tes empruntes de grosses pattes…
Aussi la glaise écarlate,
Où tu fis tes premières enjambées !

Je reviendrai un de ces quatre,
Me caler dans tes quatre pattes ;
Glisser ma main dans ta fourrure
Épaisse et chaude de Husky mêlée de Loup ;
Belle armure contre la froidure !
Faire ma caresse au Chef de Meute* : « Les Museaux Longs » ;
Pour pouvoir mieux te retrouver
Dans la faune et le végétal de ton berceau, dans notre Sologne adorée !

---

* À Memphis, mon Loup-Husky

Memphis

Table des matières

Achevé d’imprimer en France
Protection IDDN